公共服务领域国家通用手语系列推广手册

公共交通领域
国家通用手语百句（试行）

史玉凤 陈蓓琴 编著

南京师范大学出版社

图书在版编目(CIP)数据

公共交通领域国家通用手语百句：试行／史玉凤，陈蓓琴编著. —南京：南京师范大学出版社，2023.6
（公共服务领域国家通用手语系列推广手册）
ISBN 978-7-5651-5616-8

Ⅰ.①公… Ⅱ.①史…②陈… Ⅲ.①手势语－中国 Ⅳ.①H126.3

中国国家版本馆 CIP 数据核字(2023)第 002876 号

丛 书 名	公共服务领域国家通用手语系列推广手册
书 名	公共交通领域国家通用手语百句(试行)
编 著	史玉凤 陈蓓琴
策划编辑	彭 茜
责任编辑	彭 茜
出版发行	南京师范大学出版社
地 址	江苏省南京市玄武区后宰门西村 9 号(邮编:210016)
电 话	(025)83598919(总编办) 83598412(营销部) 83373872(邮购部)
网 址	http://press.njnu.edu.cn
电子信箱	nspzbb@njnu.edu.cn
照 排	南京开卷文化传媒有限公司
印 刷	南京玉河印刷厂
开 本	880 毫米×1230 毫米 1/32
印 张	4.75
字 数	92 千
版 次	2023 年 6 月第 1 版 2023 年 6 月第 1 次印刷
书 号	ISBN 978-7-5651-5616-8
定 价	35.00 元
出 版 人	张 鹏

南京师大版图书若有印装问题请与销售商调换

版权所有　侵犯必究

序 一

由江苏省残疾人联合会、南京特殊教育师范学院联合研制的"公共服务领域国家通用手语系列推广手册"第一本《公共交通领域国家通用手语百句（试行）》将正式出版。这是首本可供公共服务领域窗口行业工作人员和全社会学习、使用国家通用手语，便利听力和言语残疾人生活的实用型手册，凝聚着研制单位、编者对特殊人群的深情厚谊。在这里，我首先要对本书的出版表示祝贺，向付出辛劳的编者表示感谢！

平等地、自主地、无障碍地参与社会生活，是包括听力和言语残疾人在内的所有残疾人的基本权利。江苏大约有150万听力和言语残疾人，而社会上懂手语、掌握和使用国家通用手语的人很少，这成为他们平等融入社会的突出障碍。研制公共服务领域常用手语，提高公共服务领域无障碍服务能力，为听力和言语残疾人提供便利，帮助他们更好地参与社会生活，是一个非常有价值的课题。这套推广手册的出版是全面落实《第二期国家手语和盲文规范化行动计划（2021—2025年）》的重要行动，不仅能促进无障碍环境特别是信息无障碍和无障碍服务建设与完善，使残疾人更多参与和融入社会，共享美好生活，而且有利于在全社会营造关心、热爱、尊重和平等对待残疾人的良好社会氛围。

党的二十大明确提出，要"完善残疾人社会保障制度和关爱服务体系，促进残疾人事业全面发展"，无障碍环境建设是应有之义。"十四五"伊始，江苏省残疾人联合会就联合省广电总台、南京特殊教育师范学院共同打造推出了手语普法节目——《手语普法》，并针对听力和言语残疾人与普通社会公众间的交流障碍等问题，设计了手语普及类节目——《妙手生"话"》，在省级电视台黄金时段播出，并在全媒体平台推送，全方位推广国家通用手语，促进信息交流无障碍，为残疾人有效融入社会营造了良好环境。此次又隆重推出"公共服务领域国家通用手语系列推广手册"第一本《公共交通领域国家通用手语百句（试行）》，这是经中国聋协及国家手语和盲文研究中心相关专家审订，以《国家通用手语词典》为基准研制的应用型推广手册，充分体现了手语服务的规范性、专业性和实用性。该书从用词到用句，从手势、手形到具体打法，都经过反复研究、讨论和实验比对，既符合国家通用手语语言规范，又切合听力和言语残疾人视觉交流沟通特点，易于理解和学习。编者力求图文并茂、形象生动，手势精准到位，雅俗共赏，可读性和趣味性兼具，相信一定会受到

序 一

广大残疾人朋友和社会公众的欢迎。

我希望,以《公共交通领域国家通用手语百句(试行)》为首本的"公共服务领域国家通用手语系列推广手册"的出版,不仅能将包括手语服务在内的无障碍服务推广到更多的公共服务窗口行业,便利残疾人生活,而且能让全社会更多的人共同学习、应用手语,推动残健融合,打造平等、共享、文明、和谐的社会环境,促进全省残疾人共享美好生活!

是为序。

万方

2023 年 1 月

序 二

在全党和全国人民深入学习贯彻党的二十大精神之际，由江苏省残疾人联合会、南京特殊教育师范学院联合研制的《公共交通领域国家通用手语百句（试行）》将正式出版。本书是贯彻坚持以人民为中心发展理念、全面落实《第二期国家手语和盲文规范化行动计划（2021—2025年）》的重要实践。此项实践有利于方便残疾人出行、参与和融入社会、共享美好生活以及在全社会营造关心、热爱、尊重和平等对待残疾人的良好社会氛围。在此，首先祝贺本书的正式出版，同时向付出辛勤劳动的研制组全体成员表示诚挚的谢意！

当前，我国2700多万听力和言语残疾人在乘车、坐飞机等出行场景中面临诸多不便。如何使车站、机场等公共交通窗口行业人员学会通用行业手语，既是迫切需要解决的实际问题，也是具有研究价值的实践课题。在江苏省残疾人联合会的支持下，南京特殊教育师范学院中国盲文手语推广服务中心精心研制出《公共交通领域国家通用手语百句（试行）》一书。

序 二

　　本书展现了残联、聋协和高校致力于残疾人事业，做好专业服务的协同性。实现建立残疾人事业公共服务和社会保障体系这一党和政府新时期残疾人事业发展的重要战略目标，需要政府相关部门的协同配合及全社会的共同努力。《公共交通领域国家通用手语百句（试行）》的出版，体现了中国残联的支持、江苏省残联的组织和保障，中国聋协手语委、国家手语和盲文研究中心的指导，高校专家与聋人专家的密切配合，印证了推动残疾人事业的高水平发展需要多部门协同配合的工作格局及机制。

　　本书彰显了中国特色社会主义高校服务残疾人事业的责任感与自觉性。中国盲文手语推广服务中心的专家们秉持"坚持为残疾人事业服务"这一南京特殊教育师范学院的办学宗旨和优良传统，先后在盲文、手语推广和服务方面做了大量工作。譬如，他们历时十年潜心研制了视障、听障人员普通话水平测试体系，为帮助数以千计的盲人、聋人通过普通话考试并取得教师资格证书提供了方便；又如，他们在江苏省残联的支持下，在江苏省广电总台城市频道专门开辟《手语普法》和《妙手生"话"》栏目，并通过全媒体平台推广。本次《公共交通领域国家通用手语百句（试行）》的出版将更好地助力残疾人出行，充分彰显了中国特色社会主义高校主动服务社会的自觉性和责任感。

　　本书体现了手语服务的规范性、专业性和实用性。书中使用的手语以《国家通用手语词表》(2018年最新版)为指导,保证了手语推广和使用的规范性。此外,本书还对《国家通用手语词典》(2019年出版)中没有覆盖到的词汇进行了补充。研制组充分发挥听力残疾人的主体作用,组织聋人专家从不同角度比较、分析每一个手语动作并形成最终共识,赋予了本书极强的专业性和实用性。

党的二十大明确提出,要"完善残疾人社会保障制度和关爱服务体系,促进残疾人事业全面发展","强化特殊教育普惠发展",这为我国残疾人事业和特殊教育事业发展指明了新的方向和目标。我希望,南京特殊教育师范学院中国盲文手语推广服务中心能根据新时代新要求,不断扩大国家通用手语推广和使用的范围,以帮助更多的残疾人充分参与和融入社会生活;我坚信,在党和政府的坚强领导下,我们一定能通过更多的努力和探索,为建立和完善中国式现代化的残疾人社会保障与关爱服务体系做出更大的贡献!

是为序。

2023 年 1 月

前　言

手语是听力残疾人参与社会生活、进行沟通交往的主要工具，是聋人相互之间，以及与外界之间沟通交往的视觉语言，是国家语言文字的重要组成部分。

为深入贯彻党的二十大精神，落实《国家语言文字事业"十四五"发展规划》《第二期国家手语和盲文规范化行动计划（2021—2025年）》，加快手语规范化、标准化、信息化进程，推进国家通用手语在社会生活中的推广使用，2022年，在江苏省残疾人联合会支持下，南京特殊教育师范学院中国盲文手语推广服务中心（以下简称"中心"）组建研制团队，针对机场、铁路、地铁、公交等公共交通领域，根据各交通窗口行业的工作特点与实际需要，精心筹划国家通用手语的推广服务范畴与内容，具体涉及"常用语""民航用语""铁路用语""地铁用语""公交用语"及"驾驶用语"等6大板块，共计选择107个常用句，统称为"百句"并编辑成册，形成了《公共交通领域国家通用手语百句（试行）》。

书中每个常用句都配有手语打法说明，对手的位置、掌心（或手背、虎口）朝向、移动方向以及双手交替动作的先后顺序做了具体规定；所有语句都配有图片和视频，可通过二维码扫读，图文并茂，动静结合，一目了然，简便易学。为了便于读者更好地了解本书中手语的具体打法，看懂图片意思，研制组参考了龚群虎、杨军辉2003年草拟的《中国手语的汉语转写方案》及2022年1月的修订版，对书中的一些标记符号做如下说明。

1. 复合词各语素间用"—"连接，如"飞机—票"。

2. 词与词之间的界限记作"/"，如"不用谢"，转写成"谢/不"。

3. ①②表示该词目有两种打法，此处标①或②表示采用该词目的第①种或第②种打法，如"对不起①"，表示采用该词目的第①种打法。

4. （一）（二）表示此处选用该词目打法中的第一个或第二个手势动作，如"办公（一）"，表示选用该词目的第一个手势动作。

5. 汉语释义后加"＋"表示动作反复或名词的复数。手势重复两次，记作"＋＋"；重复两次以上，则记作"＋＋＋"。例如，"等＋＋"表示"等等"，"问＋＋"表示"问一下，问问"。

6. 陈述句、疑问句、祈使句分别用汉语标点符号"。""？"和"！"提示；复句的小句间用"，"分隔；句（或词组）中的词界记作"/"。例如，"对不起①，再/说/1，可以?",汉语表达是"不好意思,请您再说一遍,可以吗?"。

7. 当需要描述动作的方向时,则在动词后的"( )"里用"→"标明起点与终点,如"帮助(自身→对方)",指手势动作由自身朝对方打出,表示给人帮助;如果在"( )"里加上"位置1""位置2",则用来表示不同的位置,如"老人(位置1)/小孩(位置2)/照顾＋＋",表示"照顾好老人、小孩";"( )"里还可以加上描述性的内容,如"注意①(脚下)",表示提醒对方当心脚下的意思。

8. 当两个单手手势必须同时组合表达时,用"＜ ＞"来表示。比如"主—食/2,米饭(位置1)/面条①(位置2),您/＜俩(左手)—指(右手食指来回指点左手食指、中指)＞/什么?",该句意思是"主食有两种,分别是米饭和面条,您选哪种?"。此处在表达"＜俩(左手)—指(右手食指来回指点左手食指、中指)＞"时需要左右手同时呈现:即左手打"俩"表示"两种主食",右手同时用"食指来回指点左手食指、中指"表示"在两种主食中挑选"的意思。

本书研制编写期间,中心主任陈蓓琴研究员负责项目策划、框架设计、统筹协调、全书统稿和出版推广;项目组负责人史玉凤教授负责全书的内容选定、手语翻译、文本呈现和全书统稿;中国聋协手语委秘书长沈刚(聋)、南京特殊教育师范学院特教学院戴曼莉(聋)、江苏省聋人协会主席李梦江（聋）积极参与本书的手语转译、手语词汇审核；中心手语主持徐鸣宏（聋）出镜为本书做手语图片及视频示范；南京特殊教育师范学院数信学院李明扬老师负责拍摄与剪辑；南京特殊教育师范学院特教学院特教2008班本科生周诗琪和冉丽、特教1908班本科生徐艺凡和温馨及2018级听障班本科生吴莹（聋）（现为深圳市光明区马田小学教师）参与手语图片制作，韩梅副教授、刘凯毅老师负责全书校对；中国聋协手语委主任邱丽君参与全书审校；南京特殊教育师范学院语言学院郭新文副教授统筹全书配套视频；中心副主任陈兵负责项目保障，刘洁予以配合。

中国残疾人联合会有关领导程凯、韩咏梅、崔瑞芳、林帅华、郑莉始终关心和指导着本书的研制编写工作；国家手语和盲文研究中心专家顾定倩、高辉、于缘缘、王晨华、乌永胜（聋）、仇冰（聋）、恒淼（聋）、徐聪（聋）对书中《国家通用手语词典》（2019年出版）没有覆盖到的词汇及短语的手语打法进行了集中鉴定，提出了中肯的意见和建设性建议，确保《公共交通领域国家通用手语百句（试行）》既符合手语语言学规范，又切合聋人视觉交流沟通特点，易于理解和学习。

江苏省残疾人联合会党组书记、理事长万力，南京特殊教育师范学院党委书记黄军伟分别亲自作序，对本书的出版寄予厚望。江苏省残疾人联合会有关领导杜晓镇、

前　言

韩毅、黄慧，南京特殊教育师范学院有关领导王立新、许巧仙、谭忠，江苏省特殊教育专业委员会丁勇、谈秀菁等持续支持项目推进和国家通用手语推广研究。

值此付梓之际，谨向所有关心、支持、帮助《公共交通领域国家通用手语百句（试行）》研制、出版的单位和个人表示衷心的感谢！

新时代新要求，国家通用手语推广研究迈上了新的征程。中心将一如既往，不忘初心和职责，在推广国家通用手语的道路上不断探索，努力创新，进一步增强责任感和使命感，推动残健融合，促进社会发展。

限于我们的专业水平和能力，本书难免存在不完善之处，希望广大读者提出宝贵意见，以便今后进一步完善。

编　者

2023 年 3 月

目录

一 常用语

1. 您好！我能帮您些什么？ 003
2. 需要我带您去办理吗？ 004
3. 谢谢您！不用谢！ 005
4. 对不起。没关系。 006
5. 别着急，我来解释一下。 007
6. 没关系，我仔细说。 007
7. 禁止使用不文明语言。 008
8. 您可以告诉我售票处在哪里吗？ 009
9. 请不要将违禁品带进站，谢谢！ 010
10. 请把您的行李放到安检机上接受检查。 011
11. 请排好队，按序接受安检，谢谢！ 012
12. 请遵守秩序，排队上车。 013
13. 祝您旅行愉快。 014
14. 您好！可以帮我把背包放到行李架上吗？ 015
15. 不好意思，请您再说一遍，可以吗？ 016
16. 您能先等等吗？我去问一下，马上就来。 017
17. 请大家不要惊慌。 018

18. 请照顾好老人、小孩，确保安全。 019
19. 请问您是不是身体不舒服，需要帮助吗？ 020
20. 请问您有同伴吗？ 021
21. 主食有两种，分别是米饭和面条，您选哪种？ 022
22. 很抱歉给您造成了不便，如果您还有什么需要，
    请随时联系我们。 023
23. 有最新消息，我们马上通知您。 024
24. 请走好，当心脚下。 025
25. 下次旅行再会。 025

二　民航用语

1. 请问有 5 月 1 日早上 8 点去北京的机票吗？ 029
2. 稍等，我查一下。 030
3. 抱歉，所有的航班都已经预订满了。 031
4. 请提前 2 小时到达机场。 032
5. 请到柜台 A 办理乘机手续。 033
6. 请出示您的机票和身份证。（扩展词：护照） 034
7. 您的行李超重，请在那边补缴费。 035
8. 什么时候起飞？有其他变化吗？ 036
9. 我不清楚这个航班的信息，我帮您去问问。 037
10. 由于天气恶劣，航班已经延误。 038
11. 由于能见度低，机场关闭，飞机暂时不能起飞。 039

目 录

12. 航班晚点,起飞时间目前不确定,请随我们先去酒店
    休息等候。 040
13. 您先在房间休息,航班可以起飞时,我们会立即
    通知您,不要着急。 042
14. 请提前将笔记本电脑、相机、雨伞取出,放进安检
    托盘里。 044
15. 对不起,易燃物品不能带上飞机。 045
16. 登机口改到 6 号,请从 6 号登机口登机。 046
17. 欢迎登机,请往这边走。 047
18. 感谢您选择中国国际航空公司班机,很高兴为您服务! 048
19. 您的座位在那边,请跟我走。 049
20. 请调直您的座椅靠背。 050
21. 如需乘务员帮助,请按呼唤铃。 051
22. 请将您的手机调至飞行模式。 052
23. 请确认您所有电子设备已关闭。 053
24. 请不要将行李放在通道和紧急出口处。 055
25. 本次航班严禁吸烟。 056
26. 卫生间在飞机的前部和后部,请不要在卫生间内
    吸烟。 057
27. 请系好安全带,收起小桌板,打开遮光板。 058
28. 飞机马上就要起飞了,请各位乘客不要在客舱内
    走动。 059
29. 中国国际航空公司 CA1234 航班,北京时间 8 点
    起飞。 060
30. 您好,我们为您准备了咖啡、茶,您需要哪种? 062
31. 请拿好水,当心烫。 064

32. 如果晕机，请使用座位前口袋里的清洁袋。 065

33. 您耳朵疼是因为气压变化，这在航空飞行中很普遍，
您可以嚼口香糖来缓解。 066

34. 我们的飞机受气流影响颠簸得厉害，请系好安全带。 068

35. 由于飞机发动机出现故障，现将做紧急迫降。 069

36. 飞机正在下降，请您回原位坐好，系好安全带。 070

37. 飞机正在滑行，为了您和他人的安全，请不要站起或
打开行李架。 071

38. 本架飞机已经完全停稳，请您从前登机门下飞机。 072

39. 需要在本站转乘的旅客请到候机室中转柜台办理。 073

40. 我的行李没有拿到，请帮我查一下。 074

41. 抱歉，我们会尽快为您查询，在 24 小时内和您联系。 075

三 铁路用语

1. G18 列车马上进站，请排队检票。 079
2. 请出示您的车票和身份证。 080
3. 请到 7A 站台乘车，注意安全。 081
4. 别着急，列车将正点到达。 082
5. 欢迎乘坐 G45 次列车，我们将全程为您服务。 083
6. 请保管好您的随身物品，谨防扒窃。 084
7. 请各位旅客协助我们保持车厢清洁卫生。 085
8. 列车到达天津站的时间是 18:00。 086
9. 现在是临时停车，请各位旅客耐心等待。 087

10. 本次列车即将到达南京站,请下车的旅客提前做好准备。 088
11. 下车时请注意列车与站台之间的空隙。 090

四　地铁用语

1. 乘地铁需要安检,行李携带有限制。 093
2. 任何情况下,严禁擅自进入轨道。 094
3. 请从那边的绿色通道进站。 095
4. 灯闪、铃响时请勿上下列车。 096
5. 请关注列车行驶方向。 097
6. 手或身体勿扶靠屏蔽门。 098
7. 如遇紧急情况,请按下紧急停车按钮,并通知工作人员。 099
8. 如遇身体不适,可以向车站工作人员求助。 100
9. 当列车内发生紧急事件时,请保持镇静,听从工作人员指挥。 102
10. 当车门已经开始关闭时,不要强行上车,防止受伤。 104
11. 卫生间在那边,前面左拐就到了。 106

五　公交用语

1. 等公交车停稳后先下后上,依次上车。 109

2. 不要在车内追逐、打闹。 110
3. 不要在车辆行驶过程中随意更换座位,以免造成意外。 111
4. 每辆公交车在车门顶部都有应急开关,手动即可打开车门。 112
5. 刷卡或投币后请向车厢后门移动,请关注字幕报站器。 113

六　驾驶用语

1. 严禁酒后驾车。 117
2. 严禁乱停乱放。 118
3. 驾车时要系好安全带。 118
4. 红灯停,绿灯行。 119
5. 黄灯亮了等一等,已过线的快快行。 120
6. 拐弯时要打灯,注意车辆和行人。 121
7. 开车不要打电话,不要疲劳驾驶。 123
8. 下雪天驾车外出,要低速行驶。 124
9. 我们每个人都应该遵守交通规则。 125
10. 车辆在行驶途中,严禁闯红灯和超速行驶。 126
11. 我们都有必要参加一些交通安全知识培训。 127
12. 我想租一辆轿车,请问有什么车型? 128
13. 聋人可以开车。 129
14. 聋人开车应该佩戴助听设备。 130

一 常用语

1. 您好！我能帮您些什么？

手语：您/好！我/能/帮（自身→对方）/什么？

您

好

我

能

帮（自身→对方）

什么？

2. 需要我带您去办理吗？

手语：帮（自身→对方）/带①（对方→那儿）/办公（一）/需要①？

帮（自身→对方）

带①（对方→那儿）

办公（一）

需要①？

3. 谢谢您！不用谢！

手语：谢谢（自身→对方）！谢/不！

谢谢（自身→对方）

谢

不

4. 对不起。没关系。

手语：对不起①。没关系②。

对不起①

没关系②

5. 别着急,我来解释一下。

手语:着急/不,我/解释。

着急　　　不　　　我　　　解释

6. 没关系,我仔细说。

手语:没关系②,我/仔细/说。

没关系②　　　我　　　仔细　　　说

7. 禁止使用不文明语言。

 手语：不—文明/说/禁止①。

不—文明

说

禁止①

8. 您可以告诉我售票处在哪里吗?

手语：售—票—房/在/哪里，告诉（对方→自身）/可以？

售—票—房

在

哪里

告诉（对方→自身）

可以？

9. 请不要将违禁品带进站,谢谢!

手语:非法—东西①/带②/〈进+房子〉/不能②,谢谢!

非法—东西①

带②

〈进+房子〉

不能②

谢谢

10. 请把您的行李放到安检机上接受检查。

手语：您/行李/放置（行李→安检机）/检查。

您

行李

放置（行李→安检机）

检查

11. 请排好队,按序接受安检,谢谢!

手语:排队,按照/排队(自身→对方)/检查,谢谢!

排队

按照

排队(自身→对方)

检查

谢谢

12. 请遵守秩序，排队上车。

手语：请/遵守/秩序，排队/上车。

请

遵守

秩序

排队

上车

13. 祝您旅行愉快。

手语：祝（自身→对方）/旅行/愉快。

祝（自身→对方）

旅行

愉快

14. 您好！可以帮我把背包放到行李架上吗？

手语：您/好！指（这）/背包/帮（对方→自身）/放（背包→行李架位置），可以？

您

好

指（这）

背包

帮（对方→自身）

放（背包→行李架位置）

可以？

15. 不好意思,请您再说一遍,可以吗?

手语:对不起①,再/说/1,可以?

对不起①

再

说

1

可以?

一　常用语

16. 您能先等等吗？我去问一下，马上就来。

手语：您/首先/等＋＋/可以？我/问＋＋，快/来。

　　您　　　　　首先　　　　等＋＋　　　可以？

　　我　　　　　问＋＋　　　　快　　　　　来

17. 请大家不要惊慌。

手语：大家/慌/不。

大家

慌

不

18. 请照顾好老人、小孩，确保安全。

手语：老人（位置1）/小孩（位置2）/照顾++，保证/安全。

老人（位置1）　　　　　小孩（位置2）

照顾++　　　　　　　保证

安全

19. 请问您是不是身体不舒服,需要帮助吗?

手语:您/身体/不—舒服?帮助(自身→对方)/需要①?

您

身体

不—舒服

帮助(自身→对方)

需要①?

20. 请问您有同伴吗？

手语：您/朋友/陪（他方→对方）/有？

您

朋友

陪（他方→对方）

有？

21. 主食有两种,分别是米饭和面条,您选哪种?

手语:主—食/2,米饭(位置1)/面条①(位置2),您/〈俩(左手)十指(右手食指来回指点左手食指、中指)〉/挑选/什么?

主—食

2

米饭(位置1)

面条①(位置2)

您

〈俩十指〉

挑选

什么?

22. 很抱歉给您造成了不便，如果您还有什么需要，请随时联系我们。

手语：给（自身→对方）/麻烦/对不起①，如果/您/还/需要①/什么，随时/联系（对方→自身）。

23. 有最新消息,我们马上通知您。

手语:新①/消息/有,我们/ 快 /告诉(自身→对方)。

新①

消息

有

我们

快

告诉(自身→对方)

24. 请走好，当心脚下。

手语：慢①/走，注意①（脚下）。

慢①

走

注意①

25. 下次旅行再会。

手语：下一次/旅行/见面。

下一次

旅行

见面

二 民航用语

1. 请问有 5 月 1 日早上 8 点去北京的机票吗？

手语：5月1日/早上①/8点/去/北京/飞机一票/有？

5月1日

早上①

8点

去

北京

飞机一票

有？

2. 稍等,我查一下。

手语:等—稍微,我/检查。

等—稍微

我

检查

二　民航用语

3. 抱歉，所有的航班都已经预订满了。

手语：对不起②，飞机/所有/订户（一）/满。

对不起②　　　　　飞机

所有　　　　订户（一）　　　　满

4. 请提前2小时到达机场。

手语：时间/提前①/〈2十小时〉/到/机场。

时间

提前①

〈2十小时〉

到

机场

5. 请到柜台 A 办理乘机手续。

手语：登机/手续/去/〈台②＋A〉/指（那）/办公（一）。

登机

手续

去

〈台②＋A〉

指（那）

办公（一）

6. 请出示您的机票和身份证。（扩展词：护照）

手语：您/飞机—票（位置1）/身份证（位置2）/给（对方→自身）/看①。

您　　　　　飞机—票（位置1）　　　身份证（位置2）

给（对方→自身）　　　看①

扩展词：　　　　　护照

7. 您的行李超重,请在那边补缴费。

手语:您/行李/重①/超,指(那)/补助(一)/结账。

您　　　　　行李　　　　　重①　　　　　超

指(那)　　　补助(一)　　　结账

8. 什么时候起飞？有其他变化吗？

手语：什么—时候/起飞？另外/变化/有？

什么—时候

起飞？

另外

改变

有？

9. 我不清楚这个航班的信息,我帮您去问问。

手语:指(这)/飞机/信息/我/不知道①,帮(自身→对方)/问++。

指(这)

飞机

信息

我

不知道①

帮(自身→对方)

问++

10. 由于天气恶劣[1],航班已经延误。

手语:天气/恶劣②,飞机/推迟。

天气　　　　　　　　　　恶劣②

飞机　　　　　　　　　　推迟

---

[1] 可以用右手伸小指,指尖朝上,手背向外,转动一周,表示天气恶劣。

11. 由于能见度低，机场关闭，飞机暂时不能起飞。

手语：现在/看①/模糊，机场/停止，起飞/不行②。

现在　　看①　　模糊

机场　　　　　停止

起飞　　不行②

12. 航班晚点，起飞时间目前不确定，请随我们先去酒店休息等候。

手语：飞机/推迟，起飞/时间/不一定①，你们/〈跟（对方→自身）＋去〉/酒店/休息/等。

飞机

推迟

起飞

时间

不一定①

二 民航用语

你们

〈跟(对方→自身)＋去〉

酒店

休息

等

13. 您先在房间休息,航班可以起飞时,我们会立即通知您,不要着急。

手语:您/先/在/房间/休息,起飞/可以,我们/立刻/告诉(自身→对方),着急/不。

您　　　　　先　　　　　在

房间　　　　　休息

二 民航用语

起飞

可以

我们

立刻

告诉（自身→对方）

着急

不

14. 请提前将笔记本电脑、相机、雨伞取出，放进安检托盘里。

> 手语：笔记本电脑（位置1）/相机（位置2）/雨伞（位置3）/提前/取，检查—包装箱（二）/放。

笔记本电脑（位置1）　　相机（位置2）　　雨伞（位置3）

提前　　　　　　取

检查—包装箱（二）　　　　放

15. 对不起，易燃物品不能带上飞机。

手语：对不起②，容易—燃烧—东西①/带①/登机/不能②。

对不起②　　　　　　容易—燃烧—东西①

带①　　　　登机　　　　不能②

16. 登机口改到6号，请从6号登机口登机。

手语：登机—口/换/〈号码＋6〉，去/指（那）/登机。

登机—口

换

〈号码＋6〉

去

指（那）

登机

17. 欢迎登机,请往这边走。

手语:欢迎②,请。

欢迎②

请

18. 感谢您选择中国国际航空公司班机,很高兴为您服务!

手语:感谢/登机/中国—国际②—航空—公司,提供(自身→对方)/服务/高兴!

感谢

登机

中国—国际②—航空

公司

提供(自身—对方)

服务

高兴

19. 您的座位在那边,请跟我走。

手语:您/椅子—坐/指(那),〈跟(对方→自身)+去〉。

您

椅子—坐

指(那)

〈跟(对方→自身)+去〉

20. 请调直您的座椅靠背。

手语:您/〈椅子+扳直(靠背从倾斜变为直角)〉。

您

〈椅子+扳直(靠背从倾斜变为直角)〉

二 民航用语

21. 如需乘务员帮助,请按呼唤铃。

手语:如果/需要②/服务员/帮助(自身→对方),指(呼唤铃)/按。

如果　　　　需要②　　　　服务员

帮助(自身→对方)　　指(呼唤铃)　　按

22. 请将您的手机调至飞行模式。

手语：您/手机/变化/飞机/模式。

您

手机

变化

飞机

模式

23. 请确认您所有电子设备已关闭。

手语：您/保证/电一设备/关＋＋＋/完善。

您　　　　　　　保证

电一设备

关+++

完善

24. 请不要将行李放在通道和紧急出口处。

手语：道路（位置1）/着急—出口（位置2）/行李/放＋＋/禁止①。

道路（位置1）　　　　　　着急—出口（位置2）

行李　　　　　　放＋＋　　　　　　禁止①

25. 本次航班严禁吸烟。

手语：飞机/内/吸烟/禁止②。

飞机

内

吸烟

禁止②

26. 卫生间在飞机的前部和后部，请不要在卫生间内吸烟。

👉 手语：飞机/卫生间/指（飞机前部）/指（飞机后部）/有，卫生间/内/吸烟/禁止②。

飞机　　　　卫生间

指（飞机前部）　　指（飞机后部）　　　有

卫生间　　　　内　　　　吸烟　　　　禁止②

27. 请系好安全带，收起小桌板，打开遮光板。

手语：安全带②，〈桌板＋收〉，〈遮光板＋开〉。

安全带②

〈桌板＋收〉

〈遮光板＋开〉

二　民航用语

28. 飞机马上就要起飞了，请各位乘客不要在客舱内走动。

👉 手语：准备/起飞，所有/人/走＋＋/禁止②。

准备

起飞

所有

人

走＋＋

禁止②

29. 中国国际航空公司 CA1234 航班，北京时间 8 点起飞。

手语：中国—国际②—航空—公司/飞机/CA1234，北京/时间/早上/8点/起飞。

中国—国际②—航空

公司　　　　　　　　　　飞机

二　民航用语

CA1234

北京

时间

早上

8点

起飞

30. 您好,我们为您准备了咖啡、茶,您需要哪种?

手语:您/好,咖啡(位置1)/茶(位置2),您/〈俩(左手)+指(右手食指来回指点左手食指、中指)〉/需要①/什么?

您

好

咖啡(位置1)

茶(位置2)

二 民航用语

 您

 〈俩+指〉

 需要①

 什么?

31. 请拿好水,当心烫。

手语:〈指点+杯子〉/烫/谨慎。

〈指点+杯子〉

烫

谨慎

32. 如果晕机，请使用座位前口袋里的清洁袋。

手语：如果/晕/有，桌板/指（口袋）/清洁一框（书空）/用。

33. 您耳朵疼是因为气压变化,这在航空飞行中很普遍,您可以嚼口香糖来缓解。

手语:您/耳朵/疼②/是/气压/变化/影响,指(这)/情况/正常,〈口香糖+嚼〉/缓解/可以。

您

耳朵

疼②

是

气压

二 民航用语

变化　　　影响　　　指（这）

情况　　　　正常

〈口香糖＋嚼〉　缓解　　　可以

34. 我们的飞机受气流影响颠簸得厉害,请系好安全带。

手语:云②/云①(左手)—〈飞机+震动〉(右手),安全带②/硬。

云②

云①—〈飞机+震动〉

安全带②

硬

35. 由于飞机发动机出现故障,现将做紧急迫降。

手语:飞机/发动②/故障,现在/急—立刻/降落。

飞机

发动②

故障

现在

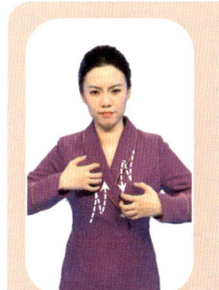

急—立刻

降落

36. 飞机正在下降,请您回原位坐好,系好安全带。

手语:现在/降落,您/回/坐,安全带②。

现在

降落

您

回

坐

安全带②

二　民航用语

37. 飞机正在滑行，为了您和他人的安全，请不要站起或打开行李架。

👉 手语：〈飞机＋滑行〉，为/大家/安全，站起/不（位置1）/〈开＋行李架〉/不（位置2）。

〈飞机＋滑行〉　　　为　　　大家

安全　　　　　　站起　　　　不（位置1）

〈开＋行李架〉　　　不（位置2）

38. 本架飞机已经完全停稳,请您从前登机门下飞机。

手语:〈飞机+停〉/好,请/指(前)/〈下+飞机〉。

〈飞机+停〉　　　　　　　　　好

请　　　　　指(前)　　　　　〈下+飞机〉

二 民航用语

39. 需要在本站转乘的旅客请到候机室中转柜台办理。

手语：客人/需要②/转机，去/等—飞机—台②/办公（一）。

客人　　　　需要②

转机　　　　去

等—飞机—台②　　　办公（一）

40. 我的行李没有拿到,请帮我查一下。

手语:我/行李/拿/没有②,帮助(对方→自身)/检查。

我

行李

拿

没有②

帮助(对方→自身)

检查

二 民航用语

41. 抱歉，我们会尽快为您查询，在 24 小时内和您联系。

手语：对不起②，我们/会/立刻/帮（自身→对方）/查询，〈24+小时〉/内/联系（自身→对方）。

对不起②

我们

会

立刻

帮助（自身→对方）

公共交通领域国家通用手语百句(试行)

查询

〈24+小时〉

内

联系(自身→对方)

三 铁路用语

三　铁路用语

1. G18 列车马上进站，请排队检票。

手语：高铁②/G18/快/来，排队/检查一票。

高铁②

G18

快

来

排队

检查一票

公共交通领域国家通用手语百句（试行）

2. 请出示您的车票和身份证。

手语：您/火车—票（位置1）/身份证（位置2）/给（对方→自身）/看①。

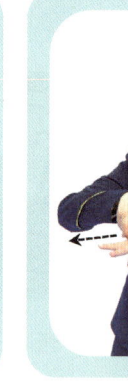

您　　　　　　　　火车—票（位置1）

身份证（位置2）　　给（对方→自身）　　看①

3. 请到 7A 站台乘车，注意安全。

手语：上车/到/站台/7A，注意②/安全。

上车　　　　到　　　　站台

7A　　　　注意②　　　　安全

4. 别着急,列车将正点到达。

手语:着急/不,高铁②/按时/到。

着急

不

高铁②

按时

到

5. 欢迎乘坐 G45 次列车,我们将全程为您服务。

手语:高铁/G45/欢迎②/上车,我们/一直/提供(自身→对方)/服务。

高铁　　G45　　欢迎②

上车　　我们

一直　　提供(自身→对方)　　服务

6. 请保管好您的随身物品，谨防扒窃。

手语：自己/东西①/保管/好，盗窃/注意②/防止。

自己　　　东西①　　　保管

好　　　盗窃　　　注意②　　　防止

7. 请各位旅客协助我们保持车厢清洁卫生。

手语：请/大家/帮助（对方→自身）/保持/环境/干净。

请

大家

帮助（对方→自身）

保持

环境

干净

8. 列车到达天津站的时间是 18:00。

手语：火车/到/天津一站/晚上/6 点。

火车　　　　　　到

天津一站

晚上　　　　　　6 点

三　铁路用语

9. 现在是临时停车，请各位旅客耐心等待。

☞ 手语：现在/临时/停，请/大家/耐心/等待。

　　现在　　　　临时　　　　　停　　　　　　请

　　大家　　　　　　耐心　　　　　　　等待

10. 本次列车即将到达南京站,请下车的旅客提前做好准备。

手语:火车/快/到/南京一站,要/下车/提前①/准备/好。

火车

快

到

南京一站

三　铁路用语

要　　　　　　　下车　　　　　　　提前①

准备　　　　　　　好

11. 下车时请注意列车与站台之间的空隙。

手语：〈火车＋台②〉/下车/指点（地面空隙）/注意②。

〈火车＋台②〉

下车

指点（地面空隙）

注意②

四 地铁用语

1. 乘地铁需要安检,行李携带有限制。

手语:〈进+房子〉/地铁/检查/要,行李/带①/限制/有。

〈进+房子〉

地铁

检查

要

行李

带①

限制

有

2. 任何情况下,严禁擅自进入轨道。

手语:不管/情况/什么,轨道/随便②/〈进入+轨道〉/禁止②。

不管

情况

什么

轨道

随便②

〈进入+轨道〉

禁止②

3. 请从那边的绿色通道进站。

手语：指（那）/绿—道路/〈进+房子〉。

指（那）

绿—道路

〈进+房子〉

4. 灯闪、铃响时请勿上下列车。

> 手语：灯十十/铃/地铁（位置1）/〈上车十下车〉（位置2）/禁止②。

灯十十

铃

地铁（位置1）

〈上车十下车〉（位置2）

禁止②

四　地铁用语

5. 请关注列车行驶方向。

手语：地铁/方向/注意①。

地铁

方向

注意①

6. 手或身体勿扶靠屏蔽门。

手语：地铁—门/手〈靠门〉/身体〈靠门〉/禁止②。

地铁—门

手〈靠门〉　　　身体〈靠门〉

禁止②

四　地铁用语

7. 如遇紧急情况，请按下紧急停车按钮，并通知工作人员。

手语：如果/情况/着急，指（这）/按钮/通知/工作②一人一员。

如果　　　　情况　　　　着急　　　　指（这）

按钮　　　　通知

工作②一人一员

8. 如遇身体不适，可以向车站工作人员求助。

手语：如果/您/身体/不—舒服，找/工作②—人—员/帮忙（他方→对方）/可以。

如果

您

身体

不—舒服

找

四 地铁用语

工作②—人—员

帮忙(他方→对方)

可以

9. 当列车内发生紧急事件时，请保持镇静，听从工作人员指挥。

手语：地铁/发生/事件②/着急，镇静＋＋，工作②—人—员/指挥②/服从。

地铁

发生

事件②

着急

镇静＋＋

四　地铁用语

工作②—人—员

指挥②

服从

10. 当车门已经开始关闭时，不要强行上车，防止受伤。

手语：地铁—门/开始/关，顽固②/上车/不，损伤/防止。

地铁—门

开始

关

四　地铁用语

 顽固②　 上车　 不

 损伤　 防止

11. 卫生间在那边,前面左拐就到了。

手语:卫生间/指(那边),走(朝前)/转折(朝左)。

卫生间

指(那边)

走(朝前)

转折(朝左)

五 公交用语

五　公交用语

1. 等公交车停稳后先下后上,依次上车。

👉 手语:等/公交车/〈停+车〉/先/下车,其次/排队/上车。

2. 不要在车内追逐、打闹。

手语：公交车/内/追逐/玩①/禁止①。

公交车

内

追逐

玩①

禁止①

3. 不要在车辆行驶过程中随意更换座位，以免造成意外。

手语：公交车/行驶/坐/随便②/换＋＋/不，出事/防止。

4. 每辆公交车在车门顶部都有应急开关,手动即可打开车门。

手语:每/公交车/门/指(车门顶部)/有,按钮/开/可以。

 每	 公交车	 门

指(车门顶部)	 有

按钮	 开	 可以

五　公交用语

5. 刷卡或投币后请向车厢后门移动，请关注字幕报站器。

👉 手语：卡①（位置1）/或/投币（位置2）/完了/后①/去，指（报站器）/字幕/注意①。

卡①（位置1）

或

投币（位置2）

完了

公共交通领域国家通用手语百句（试行）

后①

去

指（报站器）

字幕

注意①

六 驾驶用语

1. 严禁酒后驾车。

手语：酒/完了/驾驶/禁止②。

酒

完了

驾驶

禁止②

2. 严禁乱停乱放。

手语：随便②/〈车+停〉+++/禁止②。

随便②　　　　　　〈车+停〉+++　　　　　　禁止②

3. 驾车时要系好安全带。

手语：驾驶/要/安全带①。

驾驶　　　　　　要　　　　　　安全带①

4. 红灯停,绿灯行。

手语:红/灯/〈车+停止〉,绿/灯/行驶。

红

灯

〈车+停止〉

绿

灯

行驶

5. 黄灯亮了等一等，已过线的快快行。

手语：黄/灯/〈车＋减速〉，如果/线（左手食指横立）—〈车＋行驶〉（右手越过左手食指）/快＋＋。

黄②

灯

〈车＋减速〉

如果

线—〈车＋行驶〉

快＋＋

6. 拐弯时要打灯，注意车辆和行人。

手语：〈车＋行驶〉（位置1）—转折（假设往右）/灯（双手，右手张开）/要，〈车＋行驶〉（位置2）/走/注意②。

〈车＋行驶〉（位置1）

转折（假设往右）

灯（双手，右手张开）

要

〈车＋行驶〉(位置2)　　　走

注意②

7. 开车不要打电话，不要疲劳驾驶。

手语：驾驶/打电话/禁止②，驾驶/时间—长/累＋＋/继续/禁止②。

驾驶　　打电话　　禁止②

驾驶　　时间—长　　累＋＋

继续　　禁止②

8. 下雪天驾车外出，要低速行驶。

手语：雪/驾驶，慢①。

雪

驾驶

慢①

9. 我们每个人都应该遵守交通规则。

手语：交通/规则/我们/每/都/要/遵守。

交通　　规则

我们　　每

都　　要　　遵守

10. 车辆在行驶途中，严禁闯红灯和超速行驶。

手语：驾驶/红/灯/〈行驶+闯〉/禁止②（位置1），驾驶/仪表（模仿指针瞬间提速）/禁止②（位置2）。

驾驶　　　　　　红　　　　　　灯

〈行驶+闯〉　　　禁止②（位置1）

驾驶　　　仪表（模仿指针瞬间提速）　　禁止②（位置2）

11. 我们都有必要参加一些交通安全知识培训。

手语：交通/安全/知识/培训/我们/有—必要/参加。

交通　　　　　安全

知识　　　培训　　　我们

有—必要　　　　　参加

12. 我想租一辆轿车,请问有什么车型?

手语:我/想/租/轿车/1,问++/轿车—样子/有/什么?

轿车—样子

有

什么?

13. 聋人可以开车。

手语：聋人/驾驶/可以。

聋人

驾驶

可以

14. 聋人开车应该佩戴助听设备。

手语：聋人/驾驶/应该/助听器。

聋人

驾驶　　　　　应该　　　　　助听器